Bergkristall

Die eigentliche Bezeichnung für Bergkristall ist Quarz. Die Kristalle sind länglich ausgebildet und haben eine sechsseitige Pyramide als Abschluss. Etymologisch geht die Bezeichnung Quarz auf die im Mittelalter gebräuchliche Bezeichnung für das Bergwerk sowie für alle Kristalle zurück. Der weltberühmte Bergbauforscher Georgius Agricola, aus dessen Feder auch das erste wissenschaftliche Buch zum Thema Bergbau mit dem Titel „De re metallica libri" stammt, schränkte den Begriff dann auf Bergkristall ein. Es ist eines der weitverbreiteten Minerale überhaupt (chemische Formel SiO_2) und tritt mit einem hexagonalen Kristallsystem auf. Meist sind die Bergkristalle weiß bis farblos, können aber aufgrund von Einschlüssen auch andere Farbvarianten aufweisen. Bergkristalle kommen in Magmatiten, in Erzgängen und in Sedimentgesteinen vor. Die bedeutendsten Fundorte liegen in Brasilien, Frankreich sowie in Japan und den USA und im deutschsprachigen Bereich in Göpfersgrün (Fichtelgebirge), Usingen (Taunus) und St. Gotthard (Schweiz).

Hildegard von Bingen

Die Kraft der Heilsteine

Bergkristall

benno

In der gesamten Schöpfung sind geheime Heilkräfte verborgen, die kein Mensch wissen kann, wenn sie ihm nicht von Gott offenbart wurden.

Hildegard von Bingen

Der Kristall entsteht aus bestimmten gefrorenen Wassern, die von schwärzlicher Farbe und von solcher Kälte sind, dass sie das Feuer von sich vertreiben. Denn wenn zuweilen große, aus der Luft kommende Kälte jenes Wasser berührt, gefriert das Wasser an bestimmten Stellen infolge der Kälte zu einer Art Klumpen zusammen und wird, gewissermaßen als innerster Kern des Wassers, zu einem festen Körper. Wenn dann später die Wärme der Luft oder der Sonne dieses Wasser berührt, nimmt sie die dichte weiße Farbe, die der Klumpen noch hat, durch ihre Wärme weg, sodass er fast klar wird, ohne aber durch die Wärme aufgelöst zu werden.

Hildegard von Bingen

Die später wieder einsetzende Kälte verdichtet den Klumpen immer mehr und macht ihn reiner und reiner. Dieser ist nunmehr von solcher Festigkeit, dass er durch die Wärme nicht mehr aufgelöst werden kann, obwohl das ganze Eis ringsherum wegschmilzt. So entsteht ein Kristall und ist dann ein Kristall und warm. In heißen Gegenden aber wird wegen der glühenden Hitze – diese gepaart mit Luftfeuchtigkeit – und wegen der warmen Feuchte der Erde in jenen Ländern der Kern der Wasser an den Ufern zu einem Kristall zusammengeballt und ausgehärtet, so wie Brot im Ofen gebacken wird.

Hildegard von Bingen

Dieser Kristall strahlt Feuer aus und ist reiner und kostbarer als der Kristall, der in kalten Gegenden wächst, und er ist fast so kostbar wie der Beryll.

Hildegard von Bingen

Wem die Augen schwach geworden sind, der erwärme den Kristall an der Sonne und lege den warmen Stein häufig auf seine Augen. Weil er vom Wasser stammt, zieht er die schlechten Säfte und das trübe Wasser von den Augen ab; so wird der Kranke besser sehen. Seine Wärme, angeregt durch die Sonnenwärme – ist er doch durch Sonnenwärme ausgehärtet worden – verjagt die feuchten Tropfen aus den Augen und so wird der Patient einen helleren Blick gewinnen.

Wenn „druse“ (Drüsengeschwüre) oder „orfune“ (Skrofeln) sich am Hals des Menschen bilden, dann erwärme er den Stein an der Sonne, und wenn er warm ist, binde er ihn Tag und Nacht fest auf die „druse“ oder die „orfune“. So soll er häufig verfahren; dann werden diese verschwinden, weil seine vom Wasser herrührende Kraft jene üblen Säfte auflöst und die feurige Kraft sie verzehrt.

Wem ein „hubo“ (Geschwulst) an der Kehle wächst, der erwärme den Kristall an der Sonne und gieße über den erwärmten Stein Wein. Den trinke er häufig und lege den an der Sonne erwärmten Kristall mehrfach an seine Kehle auf den „huben“ und dieser wird kleiner werden. Denn wenn die von der Sonnenwärme angeregte Wärme des Kristalls sich mit der Wärme und Feuchtigkeit des Weins vermischt und wenn dann der Wein den „hubo“ berührt und die Wärme des Steins in der beschriebenen Weise die Kehle des Menschen durchdringt, dann vertreibt der Kristall die üblen Säfte, die die Schwellung des „hubo“ veranlasst hatten.

Wer Herz- oder Magenbeschwerden oder Bauchschmerzen hat, erwärme den Kristall an der Sonne und gieße, wenn er warm geworden ist, Wasser über ihn. Dann lege er denselben Stein für eine kurze Stunde in dieses Wasser, nehme ihn wieder heraus und trinke das Wasser häufig; dann wird es ihm mit Herz, Magen und Bauch besser gehen. Denn wenn seine Wärme und seine vom Wasser herrührende Kraft von der Sonnenwärme erregt und hierauf von der Sanftheit des Wassers temperiert werden – ist dieser Stein doch aus dem Wasser geboren –, dann behebt er die Herzbeschwerden und Bauchschmerzen, die von üblen Säften herrühren.

Wer von „nesseden" (Wurmbefall) geplagt wird, erwärme den Stein an der Sonne und lege den warmen Stein auf die schmerzende Stelle, und die „nessia" (Wurmkrankheit) wird vertrieben werden. Denn die „nessede" entsteht aus überschüssigen und überreichlich fließenden schlechten Säften, die von der Wärme und der wassergeborenen Kraft des Kristalls in Verbindung mit der Sonnenwärme zum Verschwinden gebracht werden.

Doch auch wer an „sincope“ (Ohnmachtsanfall) leidet, zwar (an sich) ein fröhlicher Mensch ist, aber (akut) schwach und ohnmächtig wird und bisweilen plötzlich entkräftet zusammenbricht und wie ein Toter daliegt, der erwärme einen Kristall oder mehrere – so viel er haben kann – an der Sonne und lege sie warm einen halben Tag lang oder eine Stunde lang auf seinen Nabel unterhalb des Magens, das heißt zwischen Nabel und Magen. Das mache er oft. Auch erwärme er den Kristall an der Sonne und gieße von oben plötzlich Wein darüber und trinke davon oft. Dann werden die Ohnmachtsanfälle aufhören.

Der Kristall nämlich, der warme und wassergeborene Kraft besitzt und zudem Sonnenwärme aufgenommen hat, soll deswegen zwischen Nabel und Magen aufgelegt werden, damit er beide stärke, weil viele Kräfte des Menschen in seinem Magen lokalisiert sind und weil die von der Sonnenwärme angeregte und mit der Wärme des Weins temperierte Wärme des Kristalls, wie gesagt, die plötzliche Überschwemmung mit üblen Säften – Ursache für die Ohnmacht – unwirksam macht.

Für die heilige Hildegard gibt es Wachstum nur, wenn alles aufeinander bezogen, wechselseitig verbunden und in Gott vereint ist. Auch unsere menschliche Gemeinschaft soll wachsen, sie soll die Harmonie der Schöpfung zum Ausdruck bringen in einem gegenseitigen Geben und Begleiten.

Benedikt XVI.

HILDEGARDIS
PROPHETISSA
SCIVIAS

Bibliografische Information der Deutschen Nationalbibliothek
Die Deutsche Nationalbibliothek verzeichnet diese Publikation in der Deutschen Nationalbibliografie; detaillierte bibliografische Daten sind im Internet über http://dnb.d-nb.de abrufbar.

Texte:
Seite 8-27: „Der Kristall“ aus: Hildegard von Bingen, Das Buch von den Steinen © Otto Müller Verlag, 4. Auflage, Salzburg 2006

Fotos:
Titel, 4/5: © Yuri Kulik/Fotolia.de; © Oswald Kunstmann/Fotolia.de (Kristall, Paginierung) • Seite 7, 12/13, 14/15, 21: © Bernd S./Fotolia.de • Seite 8: © kexchen./Fotolia.de • Seite 10/11: © U. Storsberg/Fotolia.de • Seite 17: © Nate A./Shutterstock • Seite 18/19: © Markus Koller/Fotolia.de • Seite 22/23: © Michael Tieck/Fotolia.de • Seite 25: © Mirka Moksha/Shutterstock • Seite 26/27: © Gontar/Shutterstock • Seite 28, 29: © picture-alliance, Frankfurt am Main

Besuchen Sie uns im Internet:
www.st-benno.de

ISBN 978-3-7462-3113-6

Zusammenstellung: Volker Bauch, Leipzig
Umschlag und Gestaltung: Ulrike Vetter, Leipzig
Gesamtherstellung: Arnold & Domnick, Leipzig (A)